TRAMAS COLECTIVAS
CONTRA LA VIOLENCIA INSTITUCIONAL:
NARRATIVAS DE RESISTENCIA

Grupo de trabajo Estudios sociales sobre movilización política,
derechos y demandas de justicia.
Facultad de Ciencias Políticas y Sociología (UCM)

La Parcería Edita
Colección Mundos Otros

Tramas colectivas contra la violencia institucional: Narrativas de resistencia

Grupo de trabajo "Estudios sociales sobre movilización política, derechos y demandas de justicia". UCM.PR3/23-30809
La Parcería Edita, 2025

Editorxs:
Débora Betrisey Nadali, Laura Calle Alzate, Jimena Ñáñez Ortiz, Matías Viotti Barbalatto y Marta Romero Delgado.

Autorxs de capítulos:
Matías Viotti Barbalato, Marta Romero Delgado, Elena Ortega (Madres contra la Represión), Confederación Nacional del Trabajo de Gijón (CNT), Petra Ferreyra y Camila (Suspenso al Racismo), Débora Betrisey Nadali, Plaza de los Pueblos

Ilustraciones: Yeyé Torres

Coordinación editorial: Silvia Ramírez Monroy - La Parcería
Diseño editorial: Guiomar Rey - La Parcería

ISBN: 978-84-128992-5-2
Depósito legal: M-10599-2025

Impreso en:
Estugraf Impresores, S.L, Madrid, España

www.laparceria.org
IG. @laparceriaedita
edita.laparceria@gmail.com

Nota: Esta edición respeta el uso del género que han decidido lxs autorxs en cada caso.

A todas las personas que, ya sea de forma individual o como
parte de un colectivo, participaron en el taller
y a las luchas sociales que realizan.

ÍNDICE

TRAMAS COLECTIVAS CONTRA LA VIOLENCIA INSTITUCIONAL: NARRATIVAS DE RESISTENCIA

Este libro es el resultado de un trabajo colectivo entre personas que, en algunos casos, compartimos una doble implicación como académicas y militantes, comprometidas con la reivindicación de derechos económicos, laborales, culturales, humanos, sociales y políticos. El trabajo colectivo comenzó en mayo de 2024, cuando organizamos un encuentro en la Universidad Complutense de Madrid. El encuentro estaba destinado a compartir trayectorias y acciones políticas entre militantes vinculados a la obtención de justicia y reparación por los crímenes franquistas; la reivindicación de derechos laborales y de la población migrante; contra la represión policial y judicial; frente al racismo; por la defensa de los pueblos indígenas y la protección de la naturaleza en contextos donde se torna evidente, un reposicionamiento y una ofensiva de modelos económicos extractivistas.

Más allá de crear un espacio de escucha, nos propusimos identificar nociones y problemáticas comunes destinadas a impugnar, criticar y cuestionar las dinámicas estructurales que vulneran los derechos sociales y humanos y las ideologías que las sustentan. En ese proceso de pensar maneras de hacer política juntas, cobró especial relevancia los efectos de la violencia institucional que atraviesa la vida cotidiana y luchas llevadas a cabo en diversos territorios — Madrid, Gijón, Huelva, Valencia, Barcelona—. Una violencia que, en algunas ocasiones, conjuga la brusquedad física con el desprecio y la humillación ejercida a través de rutinas jurídico-burocráticas —en oficinas, ayuntamientos, secretarías, hospitales, comisarías, juzgados, escuelas—, ancladas en históricas jerarquías racistas, de clase y género.

Estas páginas se componen de la experiencia narrada de madres, hijos, militantes, trabajadoras, migrantes, sindicalistas que hacen frente a estas formas de violencia, generalmente, invisibles a muchos sectores de la sociedad. Dichas experiencias, dan cuenta de la angustia, la sumisión y la incertidumbre que estas violencias conllevan, pero también describen la manera en que sus principales protagonistas se comprometen con diversos procesos organizativos destinados a denunciarlas en los espacios públicos, así como a confrontar las versiones oficiales que se generan.

Las historias se han estructurado con base en un conjunto de preguntas consensuadas e incluyen un análisis de datos, materiales de archivo y otros testimonios que las sitúan en un determinado contexto social y político. Hemos elegido respetar los estilos narrativos que se expresan tanto en la primera persona del singular, como en la primera persona del plural, cuando el narrador oficia de un "nosotros colectivo" —sindicato, organizaciones de base, etc.

El libro cuenta con tres apartados. En el primero, titulado Memoria, Verdad, Justicia y Reparación, Matías Viotti Barbalato, miembro de varias asociaciones memorialistas españolas, reconstruye la lucha de Alicia por integrar la apropiación forzada de su hijo Gabriel, nacido en el Hospital Clínico San Carlos en el año 1972, en la llamada Querella Argentina como parte de los casos denominados "bebés robados durante la dictadura franquista".

En el segundo apartado, Violencias policiales y criminalización de la protesta social, Marta Romero Delgado narra las torturas policiales sufridas por Sergio cuando fue detenido por participar en una manifestación antiglobalización en el año 2002. A partir de ello, nos muestra cómo juntos emprenden un arduo camino por los tribunales en busca de justicia por violación de derechos fundamentales. Al mismo tiempo, acompañados por familiares, amigos y militantes, se organizan y convierten las torturas y la represión policial en un problema público a través de múltiples formas reivindicativas.

En la misma línea argumental, Elena Ortega, vecina del barrio de Vallecas, da cuenta del encarcelamiento de su hijo Alfon, condenado a 4 años y 9 meses de prisión por su participación en la Huelga General Europea del 14 de noviembre de 2012 bajo una acusación falsa y un montaje policial. Elena narra cómo su encarcelamiento desata una importante movilización por parte de diversas asociaciones de base, destinadas a lograr su liberación como preso político. En ese contexto reivindicativo, subraya su participación en la creación de la organización de Madres contra la Represión destinada a denunciar la persecución y montajes policiales a jóvenes antifascistas, en la que se integra, entre otras, Mariana en busca de un juicio justo para su hijo.

Por último, miembros del sindicato anarcosindicalista, Confederación Nacional del Trabajo de Gijón (CNT), describen la lucha de una trabajadora y cinco sindicalistas, conocidas como Las 6 de la Suiza, condenadas a tres años y medio de prisión por participar en acciones sindicales. Para entender este caso, analizan las consecuencias de los cambios económicos y políticos — a nivel nacional y regional—en las últimas décadas, acompañados de la criminalización judicial de la lucha sindical basada en la acción directa.

En el tercer apartado, Instituciones, burocracias y racismo, Petra Ferreyra y su hija Camila, exponen el surgimiento de la asociación Suspenso al Racismo, a raíz del acoso escolar racista que sufre Camila, entre los 9 y los 10 años, en un colegio público de la Comunidad de Madrid, el CEIP Cardenal Herrera Oria. El surgimiento de la asociación se gesta alrededor de la denuncia que Petra y su familia, establecen en los tribunales madrileños contra el mencionado centro educativo en busca de justicia y reparación. La articulación con múltiples familias que han tenido que hacer frente al acoso escolar de niños racializados, conlleva a la asociación a poner el foco en el racismo institucional, problemática que las autoridades gubernamentales buscan invisibilizar.

Débora Betrisey Nadali describe las acciones que María, militante de organizaciones reivindicativas de base, emprende contra un ayuntamiento de la provincia de Huelva por los derribos violentos de los asentamientos habitados por personas, catalogadas por el estado como "ilegales", que viven y trabajan de forma precaria en las actividades agrícolas. Esta lucha en los tribunales por los derribos se complementa con el trabajo de otras organizaciones que reivindican el cumplimiento de la normativa vinculada al empadronamiento de las personas que residen en los asentamientos, habitualmente denegado desde las administraciones públicas.

Plaza de los Pueblos, una organización de mujeres migrantes racializadas, relata la lucha del colectivo para enfrentar las múltiples formas de violencia que generan las estructuras coloniales y racistas, especialmente, las que condicionan la vida de la población migrante racializada en el contexto español. En una articulación constante con otras luchas —anticoloniales, antipatriarcales , antirracistas— el colectivo hace del arte reivindicativo en las calles una de sus principales herramientas de confrontación y reivindicación de los derechos humanos.

MEMORIA, VERDAD, JUSTICIA Y REPARACIÓN

El Estado español, desde hace décadas, mantiene múltiples condicionantes sociales, políticos y judiciales que impiden juzgar los crímenes cometidos durante la dictadura franquista y la llamada Transición. Esto conduce a muchas organizaciones memorialistas, aglutinadas bajo el lema Memoria, Verdad y Justicia —Recuperación de la Memoria Histórica (ARMH), Expresos del franquismo La Comuna, el Colectivo por los Olvidados de la Transición (COT), asociaciones de bebés robados y otras— a crear alianzas con organizaciones similares en la defensa de los derechos humanos ubicadas en Argentina. A través del acompañamiento de abogados y jueces argentinos, algunas organizaciones españolas, han conformado la llamada Querella Argentina. Una causa colectiva presentada en los tribunales de ese país argentino por víctimas de crímenes franquistas, en la que se incluye la apropiación de bebés a mujeres en instituciones estatales con la participación de algunas de índole religioso. Dicha causa colectiva dio lugar a la creación de la llamada Coordinadora estatal de apoyo a la Querella Argentina contra los crímenes del franquismo (CEAQUA).

En los tribunales argentinos, dicha querella fue admitida por la jueza Servini en 2010. Esto representó para las víctimas y familiares la posibilidad de juzgar los crímenes del franquismo que, hasta el momento, había sido denegada tanto desde el Estado español como por los tribunales europeos. En el marco de dicha causa, inicialmente solo fueron admitidos los casos enmarcados entre 1936 —año del golpe de estado al gobierno de la II República— y 1977 —año en que se producen las primeras elecciones democráticas. Tiempo después, gracias a la causa de Gustau Muñoz, asesinado en 1978, se admitieron las denuncias enmarcadas en la denominada Transición.

BEBÉS ROBADOS: ALICIA, MADRID, 1972.
MATÍAS VIOTTI BARBALATO.

Alicia tiene 77 años y nació en Puerto Belgrano (Argentina). Vivió en la provincia de Neuquén, donde trabajó en el Chocón como administrativa en las oficinas de una empresa española especializada en ingeniería, y nunca estuvo interesada en la militancia, como ella misma remarca: "yo no entiendo nada de esas cosas".

Durante los años setenta, en una época de fuerte convulsión política en Argentina, conoció a Julio, el padre de Gabriel, uno de sus tres hijos. Julio era un español de Galicia que en ese momento vivía en Argentina por su trabajo como ingeniero. Después de un viaje a España en el año 1971, con motivo de la boda del hermano de Julio, tanto Alicia como él tomaron la decisión de quedarse a vivir allí. Apenas dos meses después de establecerse se unieron en matrimonio para no tener problemas a la hora de convivir como pareja, ya que no estar casados por la iglesia durante la dictadura franquista podía acarrear graves consecuencias. Si bien durante esos años, la derecha católica que sustentaba la dictadura franquista perdía legitimidad en la población, se rearmaba ideológicamente en su integrismo católico en relación a la familia y las mujeres.

Alicia tenía 23 años en ese momento y se encaminaba a ser madre. No tenía trabajo remunerado y dependía del salario de su marido que trabajaba en la empresa Eurinsa S.A. Ambos vivían en el barrio de Villaverde en Madrid. Antes de quedarse embarazada, Alicia cuenta que tuvo el "atrevimiento" de pedir en el centro de salud de su barrio, una pastilla anticonceptiva. Algo que no solo contravenía la moral de la iglesia, que gobernaba junto al franquismo, sino que además estaba prohibido oficialmente hasta su legalización en 1978.

Poco tiempo después, Alicia se quedó embarazada. El 26 de noviembre de 1972, con 24 años, acudió al Hospital Clínico San Carlos para dar a luz a su hijo Gabriel. El parto fue normal y el bebé pesó 4 kg. Alicia no pudo ver al bebé hasta el día siguiente, el 27 de noviembre, que lo trajeron en un carrito. El pediatra de turno revisó al bebé, junto a ella, y le dijo que el bebé estaba en buen estado de salud, aunque con los testículos un poco inflamados, quitando importancia a ese síntoma y pidiendo que lo observara a lo largo de la semana. El niño fue vacunado y se quedó esa mañana junto a la cama de Alicia, donde ella dormía. De repente, despertó sobresaltada y vio a una monja y a algunas enfermeras que se llevaban a Gabriel. Alicia intentó levantarse para preguntarles a dónde se lo llevaban, pero las dificultades para moverse debido a las heridas del parto, se lo impidieron. Al acercarse la hora de darle el pecho, preguntó a una enfermera cuando iban a traerle a su hijo. Esta le contestó: ¿A saber si tienes leche? Alicia respondió que creía que no y según comenta, la enfermera sacó una jeringa y le inyectó algo que ella pensó que era para que le subiera la leche. Al mismo tiempo Alicia cuenta que le pusieron una venda que le cubría los pechos. La enfermera comenta que se habían llevado a Gabriel al nido hospitalario para hacerle unas pruebas de rutina. Ante esto, Alicia comenzó a preocuparse.

El día 28 de noviembre les comunicaron a Alicia y a Julio que el bebé tenía problemas respiratorios y que lo habían trasladado del nido hospitalario a uno de los pisos del hospital sin decirle a cuál de ellos. El 29 de noviembre, por casualidad, Alicia se encontró en el pasillo del hospital con un médico que le comentó que había oído que su bebé había fallecido. Alicia decidió no creerle y prefirió esperar la confirmación de su propio médico. Más tarde, cuando este apareció, en lugar de informarle sobre la muerte de Gabriel, se limitó a decir que el niño seguía enfermo y que por eso no podía verlo. Alicia, que tenía en la cabeza el comentario sobre la muerte de Gabriel, se puso nerviosa y reaccionó con preocupación e insistencia hasta que el médico le refirió que Gabriel había muerto debido a que tenía la glándula tiroidea más grande de lo normal. Ella nunca vio el cadáver.

En su declaración mencionó que a su marido le enseñaron un bebé muerto de prisa y corriendo, durante la madrugada, y no dejaron que lo tocase ni lo cogiese. Siempre creyó que era otro bebé. Le dijeron que el hospital se encargaría del entierro porque los gastos eran muy altos y que ellos no se lo podrían permitir. No le entregaron la partida de nacimiento ni la de defunción. Solo le entregaron la libreta de prestación económica por nacimiento de hijo, algo común en esa época.

Después de haber estado diez días internada en el hospital, le recomendaron que no tuviera más hijos porque morirían como Gabriel. En 1974 tuvo a Belén y en 1975 a David, ambos en el hospital de La Paz. Fue a través de la historia clínica de uno de estos dos partos, no recuerda cuál, donde descubrió una nota sobre el nacimiento de Gabriel en la que se relataba que una enfermera lo había escuchado llorar debajo de unas sábanas y lo encontró cianótico: su piel tenía una tonalidad azulada, señal de que no estaba recibiendo suficiente oxígeno. Poco después, Alicia se divorció de su marido y, en 1979, regresó a Argentina.

Muchos años después, a raíz de una denuncia interpuesta en el año 2012 a la monja sor María Gómez Balbuena por la apropiación de una bebé a principios de los años ochenta, con la colaboración del ginecólogo doctor Eduardo Vela, la apropiación de menores en España tuvo un fuerte impacto en los medios de comunicación. Alicia, radicada en Argentina, decidió poner una denuncia en el año 2014 en el consulado español más cercano a su vivienda; en la ciudad de Bahía

Blanca, provincia de Buenos Aires, a 534 km de Neuquén. Por este motivo, decidió viajar a España para comunicarle al padre de Gabriel —Julio— la posibilidad de que ambos podrían haber sido víctimas del delito de apropiación de menores. Julio no quiso involucrarse en el tema. Sin embargo, Alicia siguió adelante con la denuncia y se puso en contacto con algunas de las asociaciones de bebés robados de Madrid.

El abogado de una de las asociaciones que se acababa de conformar en Madrid, representaba a Alicia en la causa. A raíz de su denuncia, se abrió una investigación por considerarla "posible víctima de sustracción de menores". A través de esta investigación judicial, Alicia logró recuperar varios documentos que no le habían sido entregados, después de notificarle la muerte de Gabriel. Entre ellos, el certificado de defunción, el certificado de nacimiento, certificado de entierro en sepultura de caridad y certificado de inhumación. A pesar de infinidad de contradicciones reconocidas por el juzgado, la causa se archivó con sobreseimiento provisional.

En el acta de declaración de los hechos de denuncia con fecha de 25 de febrero de 2015, se menciona que existe contradicción por haber certificado defunción, certificado de prestación por nacimiento de Gabriel, certificado de ingreso en el Hospital Clínico San Carlos, pero no existe registro de alumbramiento. Además, no se intentó localizar al personal eclesiástico que tenía responsabilidades en las tareas del hospital en esos años. Tampoco al personal médico vivo del hospital que estuvo presente en el nacimiento de Gabriel para tomarle declaración o a la doctora Fariña, que había firmado la supuesta autopsia de Gabriel. En ningún caso, llamó la atención que el ginecólogo que firmó la supuesta autopsia de Gabriel, junto a la doctora Fariña, fuera José Botella Llusia, numerario del Opus Dei, franquista y fundador de la clínica O'Donnell. Este médico ha sido señalado en múltiples ocasiones por apropiación de menores. Después del sobreseimiento definitivo de la causa, Alicia no conforme con los resultados, continuó con la búsqueda de Gabriel yendo y viniendo entre Neuquén, Buenos Aires y Madrid.

En 2023, Belén, la hija de Alicia, acudió a un conversatorio organizado por la CONADI de Abuelas de Plaza de Mayo (Argentina), en el marco del Foro Mundial de Derechos Humanos, en la Ex Esma. Allí expuse, en nombre de algunas asociaciones de Memoria Histórica de Madrid, un trabajo basado en una investigación sobre la apropiación de menores en el franquismo. Al finalizar el acto, Belén, conmovida por lo que había escuchado, se acercó a hablar conmigo y me expuso el caso de su madre que, en ese momento, se encontraba en Madrid. Sin abogado, sola y con dificultades, Alicia buscaba una manera de volver a acceder a la justicia española para investigar el caso de Gabriel. Así fue como apenas volví a Madrid me reuní con ella en un café de la Gran Vía.

En esa reunión, después de que me contase con detalle su historia, le propuse entrar en la Querella Argentina, que se había iniciado bajo el impulso de Ana Messuti y Carlos Slepoy, entre otros abogados. Sin dudarlo, Alicia me dijo que era lo que quería hacer desde hacía algún tiempo, pero que no había encontrado la manera. A los pocos días que tuvimos la reunión, Alicia volvió a Argentina y me envió toda la documentación recopilada por los juzgados de Madrid.

Después de ordenar y estudiar los documentos enviados, contacté con Ana Messuti, Jorge del Cura y el abogado Miguel Nogués para obtener asesoramiento jurídico. Entre otras cosas, Messuti habló con uno de los abogados del equipo argentino de derechos humanos que lleva parte de la querella, quien accedió a llevar el caso de Alicia.

Tras varias reuniones con Ana Messuti y los abogados, en las que tuvimos la oportunidad de dialogar y reflexionar sobre la importancia de compaginar lo jurídico con el análisis de las ciencias sociales, me sugirieron que fuera yo quien redactara la querella bajo su supervisión jurídica. La idea era introducir un análisis crítico sobre el contexto socio-político en el que se produjeron estos crímenes, vinculados a la apropiación de menores en el tardofranquismo y la Transición, que había realizado con anterioridad. El hecho de que varias de las querellas de bebés robados presentadas en la justicia argentina fueran rechazadas, fue lo que determinó desde el punto de vista de los abogados, la necesidad de incluir el contexto sociopolítico en el caso de Alicia. La justicia argentina alegaba que los casos de "bebés robados" no podían ser considerados de lesa humanidad, según el estatuto de Roma en su art. 7 de la corte penal internacional, por no poder demostrar la existencia de "un ataque generalizado o sistemático a la población civil" o al menos contra una porción de la población no seleccionada de modo aleatorio. Tanto la sistematicidad como la participación o inacción por parte del Estado sobre un grupo de población son elementos fundamentales para ser considerados delitos de lesa humanidad.

En este sentido, si bien es posible identificar estos elementos durante la primera etapa del franquismo —abiertamente fascista—, donde el grupo de la población atacada está claramente definido como rojos o afines a la República, dicha identificación se difumina después de la Segunda Guerra Mundial. Esto se debe a que se impuso la creencia de que, después de la Segunda Guerra Mundial, la dictadura franquista se adaptó a los nuevos tiempos de "democratización" de Europa, mediante un proceso de "pacificación" o "Paz social".

En relación con el delito de sustracción de bebés, a partir de los años cincuenta, se consideró que ya no tenía un objetivo ideológico —contra rojos y rojas— sino más bien mercantil, es decir, para enriquecerse económicamente. Se lo presenta como un plan mafioso, vinculado al "negocio de bebés robados". La justicia argentina asume el relato basado en delincuentes organizados y, por lo tanto, el "robo de bebés" durante esta época, no cumple con los requerimientos necesarios para incluirlo como delito de lesa humanidad.

Aunque la existencia de dinero haya mediado el robo de bebés, la nueva querella de Alicia se planteó haciendo hincapié en que esta práctica es el resultado de mecanismos estatales, en concordancia con congregaciones religiosas basadas en la deshumanización y disciplinamiento de mujeres que no se adaptaban a los preceptos del catolicismo integrista, aun con la llegada de la "democracia".

Es un hecho demostrable que fue el Estado, con el concordato de 1979, el que permitió la continuidad de las mismas congregaciones religiosas que venían ejerciendo el robo de bebés durante el régimen franquista en los servicios sociales estatales, a cargo de hospitales, centros educativos, casas cuna, etc. La subjetividad católica se reforzaba a través de las prácticas médicas basadas en la pediatría, la ginecología, psiquiatría. Esto motivó la necesidad de contemplar en la querella de Alicia las trayectorias sociales de los agentes del hospital Clínico San Carlos —personal médico, eclesiástico, etc.— en el momento en que nació Gabriel. Este hospital estaba emplazado en la calle Atocha y su último director fue el conocido psiquiatra franquista del Opus Dei, Juan José López Ibor. En 1965 la institución hospitalaria se trasladó a la Ciudad Universitaria, su actual ubicación.

Entre la documentación recuperada por Alicia a raíz de la investigación del juzgado de Madrid, se encuentra una supuesta autopsia de Gabriel hecha por el Instituto de Anatomía Patológica de la Facultad de Medicina de la "Universidad de Madrid" —denominación establecida en 1970. Las firmas de los médicos que aparecen en dicha autopsia son, "Director Prof. Dr. A. Bullón", "Dra. Fariña" y "Prof. Botella". Todo indica que se trata del doctor Agustín Bullón Ramírez, la doctora Juliana Fariña y el doctor José Botella Llusiá, conocido ginecólogo del franquismo.

Agustín Bullón Ramírez (1912-1988) perteneció al Instituto de Higiene Militar en el franquismo (1942-1952) y fue jefe de Servicio del Hospital Clínico San Carlos. En 1952 obtuvo por oposición la cátedra de Histología y Anatomía Patológica de la Facultad de Medicina de Sevilla. Allí dirigió su Servicio en el Hospital de las Cinco Llagas y el Laboratorio de Anatomía Patológica del Hospital Militar, así como el de la Residencia García Morato de la Seguridad Social.

Juliana Fariña (1946-2020) fue catedrática de Anatomía Patológica en España y presidenta del Colegio Oficial de Médicos de Madrid (ICOMEM). En diversos foros, se declaraba "ni de izquierdas ni de derechas; católica". Fariñas, perteneció, a mediados de los años ochenta, a la Asociación de Educación para la Salud (ADEPS). Según el libro de la Historia de la Asociación de Educación para la Salud ADEPS 1995-2010, se trata de una asociación que se presenta de carácter cultural, educativo, sanitario y social sin ánimo de lucro. Desde su origen está vinculada al Servicio de Medicina Preventiva del Hospital Clínico de San Carlos.

En esta asociación, entre otros, participaron el famoso médico puericultor del franquismo Juan Bosch Marín (1902-1995), procurador en las cortes franquistas y jefe de los servicios de

Higiene infantil en el primer hospital de lactantes inaugurado en 1943; el médico historiador y ex falangista Pedro Laín Entralgo (1908-2001) quien intentó mejorar las relaciones culturales entre España y la Alemania nazi; Ricardo Díez Hochleitner (1928-2020), exfuncionario franquista y miembro del Opus Dei; Federico Mayor Zaragoza (1934), catedrático de bioquímica en la Universidad de Granada, vinculado al Opus Dei, ex franquista diputado en las cortes y diputado en el gobierno de la UCD durante la Transición. Mayor Zaragoza fue ministro de Educación y Ciencia (1981-1982), y fue el encargado de reforzar el artículo 27 de la Constitución española, al dictado de la Conferencia Episcopal y de la patronal de los centros privados religiosos.

José Botella Llusiá (1912-2002) trabajó en el Hospital Clínico San Carlos, fue miembro supernumerario del Opus Dei y formó parte del "Comité Español para la Liberación de Rudolf Hess", mientras era rector de la Universidad de Madrid (1968-1972). En 1971 este grupo, que incluía la presencia de Manuel Fraga y otros altos cargos del franquismo como Joaquín Ruiz Jiménez, el arzobispo de Zaragoza o el de Tarragona, pedía la liberación del nazi Rudolf Hess, lugarteniente de Adolf Hitler. En 1956 Botella Llusiá fundó la Maternidad de O'Donnell, clínica que dirigió varios años y que, junto al Hospital Clínico San Carlos, también tiene gran número de denuncias por apropiación de menores y las asociaciones de víctimas ubican a Botella Llusiá como ginecólogo responsable. Entre ellos, la causa de Pilar Helguera Rodríguez, quien nació el 12 de diciembre de 1957 en O'Donnell. A los tres días de su nacimiento le dijeron a su padre que la niña había muerto sin mostrarle el cuerpo a la familia ya que le comunicaron que la clínica se había hecho cargo del entierro. Botella Llusiá participó como presidente de honor de la Sociedad Ginecológica Española y fue miembro fundador de la Sociedad Española de

Fertilidad y de la Sociedad Española de Citología. Estuvo ligado a otros centros sanitarios del franquismo donde la ginecología, la psiquiatría de Vallejo Nájera y López Ibor y la pediatría de Juan Bosch Marín, etc, se articulaban bajo la ideología católica de las congregaciones religiosas que en determinadas instituciones estatales buscaban "reeducar" a mujeres caídas o "desviadas". Entre ellas, el Patronato de Protección a la Mujer donde Botella Llusiá estuvo a cargo de los cursos de auxiliar de clínica del PPO (Promoción Profesional Obrera) junto al doctor Eduardo Vela, condenado por robo de bebés en el año 2018, pero absuelto por la prescripción del delito. Además, Botella Llusiá mantenía una estrecha relación con el médico pediatra del Opus Dei Ignacio Villa Elizaga, acusado por la apropiación de una menor en la clínica O´Donell en 1964.

La querella de Alicia por el robo de su hijo Gabriel, aún no ha sido presentada en Argentina, debido a una serie de trámites pendientes por resolver en los juzgados españoles que sobreseyeron la causa. Alicia, quien remarca "yo tengo un dinero guardado solamente para las cosas de Gabriel", espera atenta por si tiene que viajar a Buenos Aires para declarar o a Madrid por cualquier otra cuestión en su incesante lucha por justicia.

VIOLENCIAS POLICIALES Y CRIMINALIZACIÓN DE LA PROTESTA SOCIAL

Las diversas crisis socioeconómicas, políticas y ecológicas, de las últimas décadas, sumadas a una marcada contracción del estado de bienestar y sus funciones redistributivas, han afectado a extensos sectores de la población, profundizando las desigualdades sociales. Esto ha dado lugar a numerosos espacios colectivos reivindicativos en el territorio español, destinados a demandar la carencia de derechos económicos, culturales, sociales y políticos bajo múltiples formas de pertenencia, repertorios y significados.

Al mismo tiempo, como resultado de un reforzamiento del lado punitivo del Estado que se instaló en nombre de la democracia, cobran especial relevancia las acciones violentas ejercidas desde las instituciones policiales y judiciales destinadas a controlar el conflicto social, criminalizar y estigmatizar organizaciones sociales reivindicativas, enmarcando como delito un amplio conjunto de prácticas de la vida política y social.

A través de la construcción de un Otro "terrorista" o "delincuente", tanto la privación de libertad como la represión pasaron a ser una medida prioritaria del Estado para refrenar la protesta social, cuando las Reglas Mínimas de las Naciones Unidas en la Esfera de la Prevención del Delito y la Justicia Penal (reglas de Tokio, 1990) acuerdan que la privación de libertad se debe adoptar como último recurso.

MOVIMIENTOS SOCIALES Y TORTURA POLICIAL: SERGIO, BARCELONA. 2002.
MARTA ROMERO DELGADO.

Sergio L.D. fue una de las más de 100 personas detenidas en la manifestación antiglobalización contra la Cumbre Europea del G-8 que tuvo lugar en marzo de 2002 en Barcelona. La manifestación del sábado 16 de marzo reunió a unas 150.000 personas y se convirtió en la más multitudinaria de esas jornadas de protesta. Durante dicha manifestación cuatro policías de la Brigada de Información de la Policía Nacional, que estaban infiltrados en la manifestación, detuvieron a Sergio. Tanto en el furgón policial como posteriormente durante varias horas en la comisaría de la Verneda (Barcelona) fue torturado tanto física como psicológicamente. Los policías infiltrados que le detuvieron, así como otros agentes que estaban en la furgoneta policial y los que llegaron posteriormente a la comisaría, le dieron patadas y puñetazos por todo el cuerpo, produciéndole espasmos musculares, incontinencia y vómitos. Por ello, fue llevado a la unidad médica de la comisaría donde le limpiaron las heridas y a pesar de que el médico recomendó llevarlo urgentemente al hospital por las heridas de la cabeza, volvieron a trasladarlo a la misma sala, esta vez amenazándolo con una navaja e incluso uno de los agentes sacó una fusta y lo golpeó en la planta de los pies. Después le dejaron en una celda con más detenidos y aunque no durmió, perdió el conocimiento varias veces y tuvo náuseas. A pesar de que sus compañeros de celda pidieron atención médica durante toda la noche, porque les preocupaba su estado, las autoridades no lo llevaron al hospital hasta las nueve de la mañana. Luego pasó a disposición judicial y fue acusado de desórdenes públicos, de dañar el mobiliario urbano y de atentado contra un agente de policía.

En septiembre de 2002, Sergio interpuso, junto a sus abogados, una querella criminal contra la Policía Nacional de España por torturas y trato vejatorio. En lugar de ir por la vía penal, el juzgado de instrucción lo consideró juicio de faltas. Esto implicó que no investigaron lo ocurrido, cerrando el caso a principios de 2003 por falta de pruebas. Sergio recurrió esta decisión y a finales de ese año la Audiencia Provincial de Barcelona dictaminó que la actuación del tribunal de primera instancia había sido incorrecta y "absolutamente inaceptable", ordenando abrir una investigación por un posible delito de tortura. Estos hechos constitutivos de delito hicieron que el juicio fuera por la vía penal. De este modo, se llamó a declarar al comisario de la Verneda y se realizó una rueda de reconocimiento donde Sergio reconoció a los 4 policías nacionales infiltrados.

En 2005 salió el escrito de acusación donde Sergio se enfrentaba a una acusación de casi siete años de prisión y una multa de 30.000 euros que le pedía la acusación particular (CCOO, Fincas Corral, Banco Sabadell) y el Ministerio Fiscal, donde La Caixa, Bancaja, BBVA, Banesto y Viajes Transglobal, reclamaban responsabilidad civil. Esta acusación, sin pruebas ni fundamento alguno, estaba claramente destinada a que Sergio retirara su querella criminal contra la policía, cuestión que no se produjo. En todo momento fueron dos procesos judiciales separados, los cuales han estado vigentes durante 11 años. Esto generó una movilización pública por la absolución de Sergio, por visibilizar las torturas y el trato vejatorio de los policías nacionales hacia él y por denunciar el actual sistema punitivo, en concreto el maltrato policial sistemático y persistente en el Estado español, especialmente hacia colectivos vulnerables como son personas racializadas, migrantes en situación administrativa irregular y personas pertenecientes a movimientos sociales (sobre todo en Euskal Herria).

Para ello, inicialmente Sergio y yo —quien, en ese entonces, era su pareja— comenzamos en 2005 a hacer charlas por todo el país para contar lo que le sucedió y el proceso judicial al cual se enfrentaba. En aquel momento, ambos éramos activistas de movimientos sociales, pero no pertenecíamos a ninguna asociación, colectivo o sindicato en concreto. Más tarde, junto con personas afines, formamos la Plataforma en Apoyo a Sergio L.D, donde comenzamos a recaudar dinero para afrontar los gastos judiciales y las posibles multas derivadas del mismo a través de la realización de fiestas, conciertos solidarios, venta de camisetas, mecheros, pegatinas y demás.

Como parte de esta campaña de solidaridad con Sergio, conocimos a muchas personas que, en mayor o menor medida apoyaron la causa. En el año 2006 hicimos entre varias amigas una obra de teatro titulada Torturadxs. Arte contra la tortura policial para denunciar y difundir el caso de Sergio, pero también como manera de visibilizar la tortura policial en nuestro país y en el mundo entero. Este proyecto teatral, que fue una experiencia increíble, nació heterogéneo en cuanto al grado de experiencia teatral, conocimiento personal de Sergio —algunas personas que participaron no se conocían entre sí— y la politización o militancia previa de sus integrantes. Entre nosotras y Sergio hicimos el guion y la representamos durante un año y medio por muchas ciudades y pueblos españoles, con nuestros propios recursos o con el dinero que recaudamos de la campaña de solidaridad. En el año 2008 grabamos la obra de teatro en formato mediometraje para sacarla a la venta, junto con música combativa contra la tortura policial y las cárceles.

A finales del año 2006 fundamos con familiares, amigas y amigos de personas que habían pasado por situaciones similares de represión policial la asociación FARO — Familiares y Amig@s contra la Represión Organizada—, que presentamos ante la opinión pública en el Ateneo de Madrid a principios de 2007. En este año, convocamos una gran manifestación por el centro de la ciudad que terminó en la Puerta del Sol, donde en la cabecera iban numerosas madres y padres de personas afectadas por la violencia policial. Sin embargo, esta experiencia duraría poco. FARO se desintegró tras menos de un año de existencia.

El caso de Sergio fue recogido por Amnistía Internacional en el informe de 2007 titulado "España. Sal en la herida: la impunidad efectiva de agentes de policía en casos de tortura y otros malos tratos", y en el posterior informe de actualización del año 2009.

Durante varios años, intentamos que la querella criminal contra la Policía Nacional prosperara, pero, aunque pasó a fase de instrucción, las presiones policiales y estatales contribuyeron a cerrar definitivamente el caso en el año 2011. Nuestra intención era acudir a otra instancia mayor, como el Tribunal de Derechos Humanos de Estrasburgo, algo que fue imposible concretar en ese entonces, ya que faltaba la resolución del otro juicio, en el que se pedía prisión para Sergio. Dicho juicio, después de varios intentos de celebración y tras retirarse del proceso la mayoría de las entidades, tuvo lugar en 2007. Se dictó sentencia meses más tarde, condenando a Sergio a 2 años y 9 meses de prisión, además de una multa de 15.000 euros. Fue entonces cuando se pidió el indulto, iniciando de nuevo una campaña de recogida de firmas en apoyo a Sergio con el fin de que no entrara en prisión. Nunca llegaron a concedérselo, simplemente dejaron que pasara el tiempo hasta que prescribió en el año 2013, cerrándose finalmente su caso y la posibilidad de ingresar en prisión.

Muchos colectivos y personas a título individual se solidarizaron con Sergio, pero al tratarse de un proceso tan prolongado en el tiempo —11 años— los apoyos iban y venían. Lo más difícil fue el desgaste físico, psicológico y emocional para él y para su núcleo más próximo, que se incrementaba a medida que pasaban los años por la incertidumbre, la imposibilidad de hacer planes de futuro y la sensación de desamparo y frustración que genera la impunidad de quienes le habían torturado con la complicidad de todo el aparato del estado.

Sergio estuvo durante muchos años con síndrome de estrés postraumático diagnosticado, en la actualidad está estable a todos los niveles. Y yo he tenido muchos problemas de salud, entre otros, dos enfermedades autoinmunes y crónicas, además de tener que acudir a terapia psicológica.

HUELGA GENERAL EUROPEA Y MONTAJES POLICIALES: ALFON MADRID. 2012.
ELENA ORTEGA. ASOCIACIÓN DE MADRES CONTRA LA REPRESIÓN.

Mi hijo, Alfonso F.O, Alfon, joven comprometido, antifascista y de la afición ultra del Rayo Vallekano, Bukaneros. Alfon fue abordado y detenido por policías secretas en la madrugada del 14 de noviembre de 2012, cuando se disponía a acudir al piquete de Huelga General Europea, convocada por varios sindicatos y organizaciones sociales. Durante su detención en la Comisaría de Moratalaz fue sometido a torturas e interrogatorios a cara tapada. Le abrieron diligencias y llevaron detenido a hacer registros en la sede de Bukaneros con cámaras de televisión. También registraron mi casa en calidad de madre de Alfon y la de su novia que fue detenida.

El 17 de noviembre de 2012 cuando declaró ante el juez junto a los cincuenta y seis detenidos de la jornada de Huelga General Europea, en Madrid, el juez dictaminó prisión preventiva bajo la acusación falsa de tenencia de explosivos y desde los juzgados de Plaza Castilla se lo llevaron a la prisión de Soto del Real. En prisión lo llevaron a un módulo de presos mayores y conflictivos y le aplicaron el Régimen FIES3 —Ficheros de Especial Seguimiento para presos pertenecientes a bandas criminales, tráfico de drogas—, intervinieron todas las comunicaciones orales, escritas y telefónicas y lo cambiaron de módulo y de celda constantemente, sometiéndolo a interrogatorios diarios.

Gracias a la lucha que se emprendió a nivel internacional para su excarcelamiento y a la defensa de su abogado que presentó recursos en los que alegaba la falta de riesgo de fuga y arraigo familiar, conseguimos que saliera de prisión preventiva a espera de juicio el 9 de enero de 2013. El 15 de septiembre de 2014 fue la primera fecha de juicio en la Audiencia Provincial.

Este juicio se suspendió y pospuso porque no se presentó uno de los policías testigo y en esa fecha, según nos confirmó el abogado, todavía no se había hecho el análisis de las pruebas, ni se sabía quién las había custodiado. El juicio tuvo lugar en la Audiencia Provincial de Madrid en diciembre de 2014, salimos del juicio esperanzados porque nada pudieron demostrar, en la bolsa no estaban sus huellas dactilares y la cadena de custodia de las pruebas fue rota en dos ocasiones.

Las declaraciones de los policías eran contradictorias y reconocieron que habían practicado seguimientos extrajudiciales. Específicamente, presentaron un informe de treinta páginas con todos sus movimientos desde que Alfon tenía diecisiete años y la jueza lo admitió a pesar de la queja de nuestro abogado. Finalmente condenaron a Alfon. El abogado, Erlantz Ibarrondo Merino, interpuso el recurso al Tribunal Supremo, pero este ratificó la sentencia de 4 años y 9 meses de prisión con orden de busca y captura para ingreso inmediato el 17 de junio de 2015.

Desde la Plataforma por la Libertad de Alfon se organizó un "muro popular" en la parroquia San Carlos Borromeo de Entrevías donde Alfon se entregó, arropado por más de 200 personas al grito de "Yo también soy Alfon" y "Alfon Libertad". Ese día acudieron 12 furgones policiales de antidisturbios que se vieron forzados a parar la carga policial y se llevaron a Alfon a la Comisaría de Moratalaz donde sufrió torturas y de allí a la Prisión de Soto del Real.

A partir de ahí, se emprendió la lucha por la libertad del único preso político encarcelado por la Huelga General Europea del 14 de noviembre de 2012.

Desde la Asamblea de Vallekas por la Huelga General Europea a la que yo pertenecía, se hizo un llamamiento a colectivos, Centros Sociales Okupados, coordinadora antifascista, peñas de aficionados y seguidores del Rayo Vallecano, asociaciones y plataformas de lucha —AAVV, educación, sanidad, feministas, jóvenes— del barrio de Vallecas y de barrios y pueblos de Madrid, organizaciones políticas de izquierda parlamentarias y extraparlamentarias y sindicatos de clase —Solidaridad Obrera, Alternativa Sindical, AST, CGT, CNT y Cobas— para convocar la primera Asamblea en el Ateneo Republicano de Vallecas. En esa Asamblea nos constituimos en la Plataforma por la Libertad de Alfon desde donde se organizan las campañas por su libertad. A partir de ese momento, se realizaron asambleas semanales en la Parroquia San Carlos Borromeo en las que informaba de la situación de Alfon en la cárcel y sus necesidades —correspondencia, visitas de amigos, cargos públicos y abogados de ALA, peculio, libros— y los aspectos jurídicos. En las asambleas semanales también se informaba del trabajo realizado por las distintas comisiones que se habían creado — acciones, comunicación, agitación y propaganda, relaciones institucionales y caja de resistencia y presentaban nuevas propuestas para su aprobación, reparto de tareas y puesta en marcha. Las principales acciones que realizamos fueron manifestaciones, concentraciones, ruedas de prensa, charlas, actos, conciertos comunicados, cartelería, panfletos, pegatinas, entrevistas, difusión en redes, mociones en corporaciones municipales, preguntas e intervenciones en sedes parlamentarias autonómicas y en el parlamento de la nación, concentraciones en embajadas europeas, acciones en las gradas de las aficiones ultras antifascistas a nivel internacional, reuniones con grupos parlamentarios de izquierdas en el Parlamento Europeo, etc. Alfon cumplió condena en la cárcel de Soto del Real, en la cárcel de Navalcarnero y terminó en Brians 2 Cataluña en 2019.

La lucha por la libertad del preso político Alfon ha generado una red solidaria antirrepresiva a nivel estatal e internacional que sirve para dar cobertura a otras campañas de solidaridad posteriores. Simultáneamente, a esta lucha, junto a otras madres de jóvenes antifascistas que habían sufrido represión, entre ellas, Mavi —madre del joven Carlos Palomino asesinado el 11 de noviembre de 2007 por un militar neonazi— fundamos la Asociación de Madres Contra la Represión con el objetivo de denunciar la persecución y criminalización que sufría la juventud antifascista, dar asesoría y apoyo jurídico, iniciar campañas de apoyo, dar apoyo psicológico y acompañar a los familiares, amigos y compañeros de lucha en las comisarías y juzgados cuando había detenciones de jóvenes en las manifestaciones. Una de esas mujeres es Mariana, — cuyo hijo es encarcelado y torturado—, quien encuentra en la Asociación de Madres contra la Represión, la fuerza para llevar adelante un trabajo de denuncia por las irregularidades

del juicio de su hijo y, al mismo tiempo, apoyar varios casos similares. Como ella misma expresa, "luchar por mi hijo fue también luchar por otros hijos".

LA LUCHA SINDICAL Y CRIMINALIZACIÓN JUDICIAL: LAS 6 DE LA SUIZA, GIJON. 2017. CONFEDERACION NACIONAL DE TRABAJO DE GIJÓN (CNT).

Las 6 de la Suiza son cinco mujeres y un hombre, condenadas a tres años y medio de prisión y una multa de 150.000 € por hacer sindicalismo.

En 2017, una de las condenadas, trabajadora de la pastelería La Suiza, acude a la Confederación Nacional del Trabajo (CNT) de Gijón solicitando ayuda. En ese momento la trabajadora estaba a punto de finalizar la suspensión del contrato por maternidad, tras dar a luz, y siente pánico al pensar que tiene que volver a la pastelería. Ella nos describe condiciones laborales atroces: largas jornadas de trabajo sin apenas descanso semanal, salario por debajo de convenio, horas extras sin remunerar, comentarios inapropiados y degradantes por parte del empleador sobre su físico, contrarios a la dignidad e integridad, enmarcados como prácticas de violencia machista. Además, estando embarazada, fue obligada a cargar un saco de harina de 25 kg lo que le provocó un sangrado. Al comunicar al empleador esta situación, este hace caso omiso a la gravedad de la cuestión y le exige finalizar su jornada laboral. Ella acude a urgencias al finalizar su jornada y ante el alto riesgo de aborto, se inicia un periodo de incapacidad temporal por riesgo durante el embarazo. Ante este suceso, la pareja de la trabajadora acude a la pastelería para recriminarle la conducta inhumana al empresario y fruto de los nervios, le propina una patada a una nevera que deja de funcionar. La trabajadora, tras la abrupta exposición de los hechos, declara que tiene miedo, y que solo quiere que le abonen las cantidades adeudadas.

No desea volver a la pastelería y tener que enfrentarse de nuevo a circunstancias similares, debido a las injustas condiciones laborales que ha sufrido. A título ilustrativo, se ha de señalar que La CNT es un sindicato obrero de clase que se rige por los principios del sindicalismo revolucionario: autogestión, federalismo, solidaridad y apoyo mutuo. El sindicato fundamenta la acción sindical de forma directa, afrontando los conflictos laborales internos de las empresas, externalizando la problemática a la opinión pública y visibilizando así las condiciones laborales abusivas.

La instrumentalización del conflicto se materializa a través de diversas prácticas, como las concentraciones, las manifestaciones y la difusión de publicaciones en redes sociales, entre otras. Estas acciones permiten transformar las relaciones desiguales, favoreciendo un equilibrio entre empleadores y personas trabajadoras y la negociación.

Mediante la acción directa, amparada por el libre ejercicio de la libertad sindical, la libertad de expresión y no por última, menos importante, la libertad de reunión, las acciones de la CNT han contribuido a fortalecer la justicia social. Resulta relevante contextualizar la evolución histórica del movimiento sindical para comprender la situación actual en la que nos encontramos.

El modelo de sindicalismo industrial, vigente en el siglo XX, se caracterizaba por la defensa colectiva de los derechos laborales a través de las medidas de conflicto colectivo. Las huelgas, las protestas y las manifestaciones eran la tónica de protesta en sectores como la minería, el metal o el sector naval. Estos instrumentos de conflicto colectivo lograron mejorar las condiciones laborales de los trabajadores, forzando a las empresas a negociar y reforzando los derechos laborales.

Sin embargo, en la actualidad la industria tiene un peso testimonial en el mercado laboral. En el siglo XXI la globalización ha provocado la descentralización de las empresas diseminando los centros de trabajo. El resultado de la baja concentración de personas trabajadoras se traduce en la pérdida de poder de negociación y la imposibilidad de ejercer una posición de contrapoder. Esta disgregación derivada de las nuevas formas de organización empresarial imposibilita los lazos de unión y defensa mutua que primaban en las viejas fábricas convirtiendo los conflictos laborales colectivos en conflictos "personales" trabajador-empresario, provocando una gran indefensión y desequilibrio en las relaciones laborales —en adelante, RRLL.

Otro factor clave en el conflicto de Las 6 de la Suiza y en el contexto laboral actual es la terciarización de la economía. El sector servicios en el Estado español es un pilar fundamental en la economía, sector que sufre una gran precarización y que está altamente feminizado. Entre los años 2016 y 2019, las asesorías laborales en la CNT de Gijón se dispararon en los casos de vulneración de los derechos laborales en el sector hostelero. El sindicato entendió este aumento de casos como un único conflicto que hacía evidente la precariedad del sector y la dificultad de las personas trabajadoras para defender sus derechos cuando el centro de trabajo posee dimensiones reducidas y, para ello, despliega la acción directa.

El apoyo mutuo y la solidaridad que podríamos definir como los principios rectores de la CNT se materializan mediante la ejecución de concentraciones semanales en los centros de trabajo infractores. Gracias a los piquetes informativos se trasladó la problemática laboral a la opinión pública de Gijón, mostrando una gran solidaridad con las personas trabajadoras. La acción directa tuvo un gran éxito y las personas trabajadoras recuperaron sus derechos y su dignidad. Algunos logros se obtuvieron a través de la negociación y los piquetes informativos y otros por vías judiciales.

Es importante matizar que las concentraciones y los piquetes llevados a cabo en estos conflictos distan mucho de los
empleados en el siglo pasado en Asturias, actualmente no
hay ni el mínimo atisbo de violencia distanciándose claramente del modelo de reivindicación industrial caracterizado
por una mayor coerción y confrontación.

Dentro de este marco, cuando hablamos de acción directa, se alude a la participación de las personas trabajadoras
en su conflicto. Esta participación activa se materializa en
la toma de decisiones de manera horizontal en las que se
perfilan las medidas y estrategias que se van a llevar a cabo
en el conflicto en el seno de la asamblea de su sindicato. De
esta manera, se evita la delegación de los conflictos a "profesionales del sindicalismo" quienes en algunos casos se en-
cuentran alejados de la realidad en los centros de trabajo.
Mediante esta práctica se fomenta un vínculo más estrecho
entre las personas del sindicato.

Retomando el caso de Las 6 de La Suiza, el conflicto laboral
de la pastelería, una vez contrastado el relato de la trabajadora, se traslada a los servicios jurídicos del sindicato. Se
contacta con el empresario con el fin de negociar el pago de
las cantidades adeudadas y pactar una salida de la trabajadora de la empresa. La pastelería rechaza la negociación
con el sindicato y remite hablar directamente con su abogado. La empresa se enroca a pesar de la gravedad de los
hechos y alega que la pareja de la trabajadora causó daños
a una nevera. En ese contexto, se plantea a la pastelería des-
contar de la cantidad adeudada a la trabajadora el coste de
la nevera, retirar la denuncia interpuesta contra su pareja y
proceder a la terminación de la relación laboral. Peticiones
que son desestimadas por la empresa en el marco de la negociación previa a la vía judicial.

Tras la fallida negociación se interponen las demandas judiciales pertinentes por parte de la trabajadora, apoyada en todo momento por las compañeras y los servicios jurídicos del sindicato. Ante esto el empresario despide a la trabajadora. En ese momento se traslada el conflicto laboral a la calle, realizando concentraciones enfrente de la pastelería. Estas acciones están amparadas por el legítimo derecho de reunión, son comunicadas previamente a la autoridad. Las mismas transcurren sin ningún altercado con las fuerzas de seguridad del Estado presente.

Es aquí cuando comienzan a desatarse una persecución en contra las compañeras que acudieron a la negociación y las personas que se concentraron enfrente de la pastelería. El empresario llegó a formular una treintena de denuncias, se intentó ilegalizar el sindicato por asociación ilícita, se imputaron a decenas de militantes de la CNT, así como a vecinos de barrio que acudieron a las concentraciones solidarizándose con la trabajadora. Finalmente, se condena a 5 miembros de la CNT que acudieron a la negociación con la empresa y a la trabajadora a tres años y medio de cárcel por obstrucción a la justicia y coacciones.

Para entender el escenario de este conflicto es necesario considerar el paradigma de las democracias modernas. Estas aspiran a canalizar los conflictos laborales de intereses y la falta de acuerdo, por las vías institucionales. De esta manera se instrumentalizan las desavenencias a través de cauces judiciales o extrajudiciales, incluso mediante la intervención de las instituciones con la finalidad de limar las divergencias y llegar acuerdos.

De igual importancia, es la relación de uno de los principales protagonistas en este conflicto, el hijo del empresario, con los poderes fácticos, tanto a nivel político como policial. Se encuentra relacionado con figuras clave del Partido Popular y con altos mandos de la policía. Entendemos que estas relaciones ponen de manifiesto un entramado de intereses sustentado en ideologías afines, que favoreció la persecución del movimiento sindical que, en esos momentos, desafiaba al statu quo. Actualmente, el hijo del empresario forma parte del Gabinete de la ministra de Seguridad en Argentina en el Gobierno de Milei y desde hace un mes, según se establece en su perfil de LinkedIn, forma parte del Gabinete privado de Donald Trump. Asimismo, según documenta el medio de comunicación Nortes, es fan declarado de Netanyahu, Meloni y Le Pen.

A tenor de su manifiesta ideología y sus conexiones, no es descabellado pensar que la criminalización del conflicto laboral de la Suiza y el precedente que con esta condena se genera a la libertad sindical, es producto de las estructuras de poder para favorecer los intereses neoliberales. El objetivo, aplacar el movimiento sindical y estrangular así los cimientos de la acción sindical directa que nada tiene que ver con el sindicalismo institucional ineficiente ante el nuevo escenario de las RRLL contemporáneas. Gracias a estos "lazos de amistad" y la represión de las acciones que se llevan a cabo contra las compañeras, se refuerzan las estructuras de poder con el ánimo de desintegrar los movimientos sociales y la organización en la protección de los derechos de las personas trabajadoras más precarizadas.

El conflicto de Las 6 de La Suiza, fortalece la percepción de que el sistema judicial politizado opera de forma sesgada y desproporcionada en contra de los movimientos sociales y el libre ejercicio de la libertad de expresión y reunión, convirtiéndose en un actor represivo. En la judicialización de este caso surgen incongruencias judiciales, se reabren causas ya archivadas y resueltas, provocando un desgaste con el claro objetivo de emitir un "aviso a navegantes" y así debilitar la protesta pacífica y la acción sindical. Dentro de este marco de represión, la policía local detiene de forma ilegal a las compañeras que solicitaron la reunión con el empresario, infringiendo sus derechos de información acerca del motivo de la detención y sin ser puestas a disposición judicial, hecho que provocó un efecto contrario al esperado por los represores. La labor del poder policial no buscaba preservar el orden público con estas detenciones, su pretensión era establecer uno nuevo, a costa de vulnerar los derechos procesales de las detenidas y de lanzar un claro mensaje desalentando el movimiento sindical. Esta intervención en el conflicto corrobora un abuso de autoridad con la finalidad de favorecer los intereses del pastelero y colaborar en la criminalización de la acción sindical. Sin embargo, lejos de amedrentar al movimiento sindical, la respuesta de la CNT a las detenciones ilegales de las compañeras se materializa a través de una nueva concentración enfrente de la pastelería ese mismo día.

Las muestras de solidaridad tras el episodio de represión policial se hicieron latentes en el gran número de asistentes que participaron en dicha concentración, superando con creces los participantes en anteriores concentraciones. La reacción frente a la represión y la criminalización del conflicto de Las 6 de la Suiza se manifiesta también a través de diversas acciones solidarias y reivindicativas. Entre ellas hay que destacar las manifestaciones y las ruedas de prensa, que sirvieron de altavoz con el fin de alzar las demandas y mediatizar el conflicto. De igual modo, se han efectuado campañas de apoyo que incluyen la venta de aceite solidario, impulsado gracias a la colaboración con una cooperativa andaluza comprometida con la justicia social.

Asimismo, se llevaron a cabo eventos que fueron un medio de difusión de la situación y de unión colectiva y que también ayudaron a recaudación de fondos para cubrir los gastos judiciales. Estas iniciativas recibieron una gran respuesta e implicación del tejido social y sindical de la región. De la misma forma, se realizaron llamamientos a la solidaridad internacional, a través de la Confederación Internacional de Trabajadores (CIT) alzando también la protesta al Parlamento Europeo, exportando así el conflicto fuera de las fronteras del Estado español. Asimismo, se forjaron sinergias con otros movimientos sociales que también se enfrentan a condenas represivas, como el Sindicato Andaluz de Trabajadores (SAT) o Los 6 de Zaragoza, que fueron criminalizadas en un contexto de la creciente persecución actual a los movimientos sociales.

Estas alianzas contribuyeron a forjar una visión más amplia de la criminalización de los medios de acción sindical empleados en el conflicto laboral de la Suiza, deslumbrando un prisma de represión hacia los movimientos sociales que no pasan por el aro institucional.

La condena a Las 6 de La Suiza, siembra un precedente perverso que amenaza los derechos fundamentales al ejercicio esencial de la libertad sindical. Ante esta condena la decisión que adopta la CNT fue indudable, debíamos de seguir con nuestra actividad sindical del mismo modo que la veníamos desarrollando hasta ese momento. En este contexto de criminalización no se trataba de si éramos inocentes o culpables, nunca nos hemos catalogado como tal. Somos clase obrera que se organiza entre iguales y como sindicato hemos cumplido con la función social que se nos encomienda, contribuyendo a la defensa y promoción de los intereses de las personas trabajadoras.

Los medios de defensa de los intereses de las personas trabajadoras y el contenido esencial de la libertad sindical generan un ámbito de libertad que por mandato constitucional se otorga a los sindicatos. Y, estos disponen de las medidas que estimen oportunas para llevar a cabo la defensa de los intereses de las personas trabajadoras, siempre con el respeto a la Constitución y las Leyes. En el caso de La Suiza, se ha catalogado una negociación en el marco de un conflicto laboral, como obstrucción a la justicia. Asimismo, las concentraciones "reiteradas" se penalizan como coacciones al empresario. Esta condena ratificada por el Tribunal Supremo en junio de 2024 limita la instrumentalización del conflicto por parte de los sindicatos. Limitación que deja desamparadas a las personas trabajadoras que más sufren la precarización de las RRLL y limitan también el derecho de manifestación y de libertad de expresión. ¿Cómo vamos a defender y promocionar como sindicato los derechos de las personas trabajadoras si se penaliza la negociación y la manifestación?

Hay una cosa que debemos dejar muy clara, la instrumentalización del conflicto laboral de La Suiza, se llevó a cabo con el único propósito de defender los derechos de la trabajadora. Las compañeras condenadas que ejercen roles profesionales diversos y poseen una clara implicación social han sido condenadas por solidarizarse y apoyar a una compañera que estaba sufriendo situaciones penosas en su centro de trabajo. Los "hechos probados" en sede judicial son la versión del pastelero que tras la retahíla de denuncias vía penal logró construir un relato de "ficción" en el que declaró estar en ruina debido a las concentraciones reiteradas frente a su establecimiento y se vio obligó a cerrar el local —local que ya estaba en venta antes del conflicto. A pesar de estar arruinado, el pastelero contrata como abogado al expresidente de la Audiencia Nacional y miembro del prestigioso bufete de abogados Ramón y Cajal Gómez Bermúdez, hecho curioso y que resulta contradictorio con la situación de ruina declarada.

La demanda social es más que un derecho, es un deber moral, para nosotras es la razón de ser del sindicato. La protesta y la llamada al boicot en la pastelería las entendemos como vías legítimas que nos permitieron trasladar a la opinión pública el conflicto, con el objetivo de que dicha opinión cuestionara las infracciones patronales. El derecho a difundir el conflicto mediante los piquetes informativos en el centro de trabajo y comunicar a los ciudadanos la problemática laboral, es necesaria y tremendamente efectiva para la defensa de los intereses de las personas trabajadoras. Con el boicot se intenta hacer apelar a los consumidores, con el fin de cuestionar la "ética" empresarial — tu cesta de la compra es más política que tu voto —. Con los piquetes se informa al consumidor del conflicto y cada uno decide libremente si quieren contribuir con los infractores o no.

La condena a las compañeras de Las 6 de La Suiza ejerce una represión sistemática que pretende frenar el avance de los movimientos sociales y sindicales. Las conexiones con los poderes fácticos, la criminación de las acciones de protesta, la negociación y la libertad de expresión, la represión ejercida contra las compañeras revela un panorama asolador. La combinación de estos factores desenmascara una actuación orquestada con el fin de debilitar la capacidad de organización y defensa de las personas trabajadoras y establecer limitaciones al ejercicio de libertad sindical.

Por todas estas razones hemos tejido redes de apoyo, hemos caminado junto al resto de organizaciones sindicales y sociales bajo una misma consigna por las calles de Gijón "facer sindicalismu nun ye delitu". Nos hemos sentido parte de una organización que va mucho más allá de la CNT de Gijón, con el respaldo de toda la confederación, bajo el lema "si tocan a una, nos tocan a todas". Ante esta situación, nuestra propuesta para todas las personas que luchan por una sociedad más justa e igualitaria es clara "si nos buscan puerta por puerta, luchemos codo con codo". Salud y anarcosindicalismo.

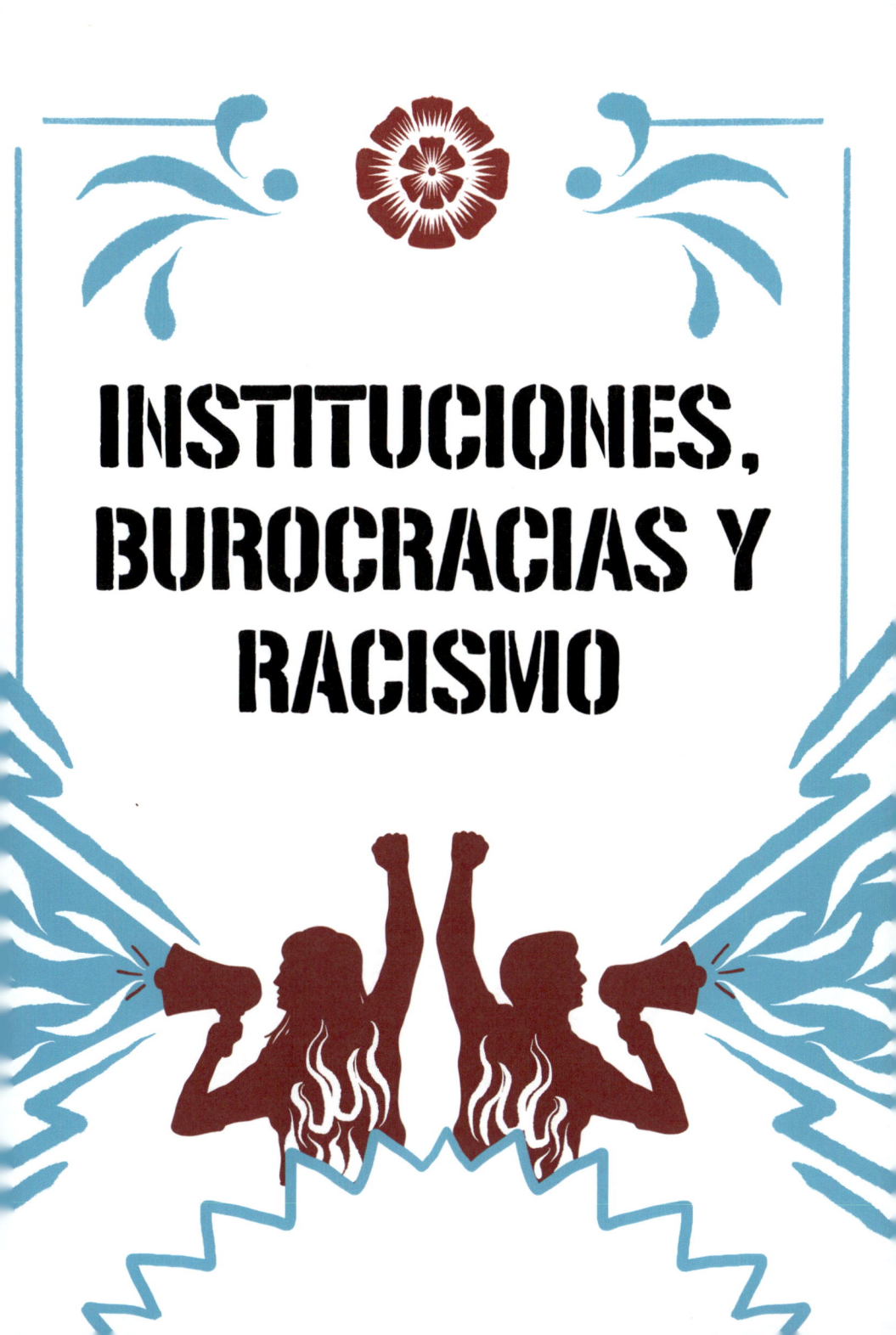

INSTITUCIONES, BUROCRACIAS Y RACISMO

INSTITUCIONES, BUROCRACIAS Y RACISMO

La discriminación y el racismo en las instituciones estatales españolas contra sectores sociales de diversas procedencias — etnias, origen nacional, pobres, etc.—, desde el discurso oficial suelen presentarse como "hechos aislados", producto de prejuicios personales de quienes la ejercen. En este contexto, confrontar dicho discurso implica dar cuenta de la dimensión estructural del racismo que atraviesa la sociedad, sin olvidar el rol del estado nacional en la conformación de categorías diferenciadas, hacia la población migrantes y racializada, disponibles para la manipulación, la persecución y la violencia.

SUSPENSO AL RACISMO MADRID, 2019. PETRA FERREYRA Y CAMILA. SUSPENSO AL RACISMO.

Suspenso al Racismo nace en 2019 como una campaña en redes sociales para visibilizar la existencia de acoso escolar racista en las aulas. Surge a partir del acoso escolar que sufre mi hija, Camila, en un colegio público de la Comunidad de Madrid, el CEIP Cardenal Herrera Oria. Camila es víctima de acoso escolar racista durante más de dos cursos en la etapa de primaria, entre los 9 y 10 años. El centro educativo, lejos de tomar medidas para poner freno a la situación de hostigamiento racista constante por parte de sus compañeros, abrió, a solicitud de la familia, dos protocolos de acoso escolar que resultaron ineficaces e insuficientes, no tomando las medidas necesarias para asegurar el bienestar físico y emocional de Camila. Tras una lucha agotadora y desgastante para que las instituciones cumplieran su obligación y protegieran a Camila, me vi obligada a solicitar un cambio urgente de centro educativo mediante proceso extraordinario, para resguardar su integridad.

Una vez realizado el cambio de centro educativo, los psicólogos que trataban a Camila por las secuelas ocasionadas a raíz de todo lo sufrido, determinaron que presentaba un grave trastorno de estrés postraumático infantil, del cual le costaría años recuperarse, pudiendo quedarle secuelas del mismo hasta en la edad adulta. Tras este desolador diagnóstico, tomamos la decisión de denunciar a la Comunidad de Madrid, órgano administrativo del cual dependía el centro educativo público, ante las graves consecuencias que tuvo Camila al ser víctima de acoso escolar racista.

Camila fue revictimizada, violentada por parte de sus iguales -sus compañeros de aula- y también por parte de un sistema educativo racista y de unas instituciones que no la protegieron ni velaron por sus derechos constitucionales, ni sus derechos fundamentales como niña. Rápidamente, fuimos conscientes que el proceso judicial sería largo en el tiempo, y supondría un gran desgaste a todos los niveles; en lo económico, por la carga que supone emprender un camino de estas características, el cual debe ser llevado por parte de profesionales especializados en la materia (peritos psicólogos, abogados, procuradores). En el plano emocional; y en el tiempo invertido en el proceso. Aun así, mi hija y yo decidimos emprender un camino de lucha, en busca de justicia y reparación, asumiendo todo lo que pudiera venir.

El proceso judicial fue a través de la vía administrativa contenciosa y me gustaría remarcar la soledad que sentimos durante todo el proceso, "pocos te dan la mano". Entre los apoyos que se encontraron, estaba el proporcionado por la Asociación Madrileña Contra el Acoso Escolar (AMACAE), la cual a día de hoy sigue proporcionando apoyo y orientación a multitud de familias.

En esta coyuntura, al ver la necesidad de visibilizar la situación que sufrió Camila contactamos con otras madres de niños y niñas racializados. Era necesario visibilizar la situación del racismo en las aulas, denunciar la situación en concreto que había vivido Camila, y que además en ese camino encontramos muchas otras familias, así como personas adultas que habían vivido procesos similares. En todo el proceso se buscó el consenso con Camila despojándonos del adultocentrismo, poniendo siempre en foco y valor los deseos de la infancia. Pensamos en poner en marcha alguna acción que se volviera viral. En ese momento estaba el #MeToo en Estados Unidos y decidimos hacer una campaña en redes sociales. Así nació #SuspensoAlRacismo, alcanzando un gran impacto mediático y recibiendo apoyos de diferentes partes del mundo, así como de personalidades e intelectuales, como por ejemplo del Premio Nobel de la Paz Adolfo Pérez Esquivel.

También se produjo el acercamiento durante el proceso de lucha, de distintos grupos políticos, y asistí al Congreso de los Diputados y a la Asamblea de Madrid. Lamentablemente, estos encuentros dieron pocos o ningún fruto, siendo bastante frustrante, pero queríamos intentar un cambio a través del caso de Camila. También hubo acercamientos de distintas instituciones y movimientos de la sociedad civil.

En este proceso también hubo satisfacciones, una de las más relevantes para la lucha fue lograr que se hablara de racismo en las aulas y del caso de Camila en los medios de comunicación. El juicio finalmente, se celebró el 8 de octubre de 2019 en el Juzgado N.34 de lo Contencioso Administrativo de Madrid. En medio de una gran presión mediática, la sentencia fue favorable para Camila. Se reconoció que el centro actuó de forma negligente y en ningún momento hizo lo que decían que hacían: proteger a una menor de ser víctima de hostigamiento por origen racial durante dos cursos seguidos y que, además, había causado un estrés postraumático con importantes secuelas. Esto se valoró en términos económicos y fue portada de algunos periódicos.

La Comunidad de Madrid fue condenada por el anormal funcionamiento de un servicio público, al no haber frenado el acoso escolar racista sufrido por Camila, siendo obligada a indemnizarnos mediante sentencia firme por un importe de 7.500 euros, siendo el daño moral ocasionado, según la jueza, de difícil cuantificación. La sentencia judicial concluye, de forma firme y sin posibilidad de recurso que: "la actuación del colegio ante toda esta situación fue insuficiente e ineficaz; ineficaz, porque, sencillamente, no detectó el problema, e insuficiente porque la situación de hostigamiento persistió durante el resto del curso escolar ... Todo ello, finalmente, motivó que los padres solicitaran, y así se concedió por la Comunidad de Madrid, el cambio de centro escolar de su hija al ser la única solución posible ante la falta de respuesta del centro escolar".

Es de vital importancia subrayar el resarcimiento moral que tuvo la sentencia para Camila, ya que fue sanador para ella. A pesar de ello, no hubo una reparación para la víctima mediante el reconocimiento ni una petición pública de disculpas. Ni la Comunidad de Madrid, ni el CEIP Cardenal Herrera Oria pidieron disculpas públicamente a Camila. Los medios de comunicación preguntaron a la presidente de CAM, Isabel Díaz Ayuso, sobre su opinión respecto al caso de Camila y si era conocedora de la sentencia y respondió que se trataba de un caso aislado.

Tras la sentencia, más personas fueron contactando a través de Suspenso al Racismo. Era evidente la necesidad de construir una red para seguir llegando a donde la administración no llegaba. Era necesario apoyar a las familias que estaban pasando por el mismo proceso por el que pasó Camila.

Las víctimas de acoso escolar se enfrentan a una importante burocratización por parte de los centros educativos que, por normal general, se blindan contra las víctimas y familias que les solicitan auxilio en un contexto de violencia y acoso. Más aún en los casos donde existe el racismo como protagonista. Es importante señalar que con las familias migrantes el maltrato institucional se duplica a su máxima potencia. Por ello, creemos que es necesario seguir apoyando a las familias, a través de las redes sociales y generando espacios seguros de visibilización así como de orientación y asesoramiento.

A Suspenso al Racismo han llegado familias y profesionales de la educación en diversas circunstancias. Por ejemplo, padres y madres blancos con hijos racializados, familias que necesitaban orientación y herramientas para saber cómo actuar ante el acoso escolar y en proceso de deconstrucción de racismo interiorizado. Proceso necesario para defender los intereses y la integridad de sus hijos e hijas en las aulas. Desde Suspenso al Racismo se ha facilitado también la sentencia para procesos en otros países, como por ejemplo Argentina. La idea que tenemos es que la sentencia de Camila sirva no solo a nivel judicial, sino en otros ámbitos. Hay otras dos sentencias más por acoso escolar racista en la Comunidad de Madrid, posteriores a la nuestra. Esto debería servir para que la administración hubiera tomado medidas para propiciar un cambio tanto a nivel administrativo, como también facilitando al profesorado una mínima formación contra el acoso escolar racista. Creemos que se debería hacer uso de esa sentencia para transformar la estructura del sistema escolar. Actualmente, existen 17 protocolos y guías de actuación contra el acoso escolar en España, uno por cada Comunidad Autónoma. En dichos protocolos, la palabra racismo no se menciona ni de forma anecdótica.

Precisamente en el ámbito de la formación al profesorado, Suspenso al Racismo ha trabajado conjuntamente con la asociación Poder Migrante, realizando distintas formaciones antirracistas en centros educativos de España. Este proceso ha sido bastante satisfactorio, aunque en algunas ocasiones se han encontrado resistencias, con personas poco receptivas a deconstruirse al verse interpeladas por exponer durante esas formaciones diferentes situaciones diarias de racismo en las aulas.

Por parte de Suspenso al Racismo se seguirá trabajando a través de redes sociales en proporcionar apoyo a familias de víctimas de acoso escolar, personal docente y no docente de centros educativos, profesionales y todas las personas que necesiten orientación en cuanto a situaciones de acoso escolar racista; a seguir visibilizando los diferentes casos; y se compartirán todas las herramientas que existan para su erradicación en las aulas. También pretendemos continuar articulando todos los mecanismos necesarios para que la sentencia de Camila —la primera sentencia en España por acoso escolar racista— sirva como precedente para generar un cambio en todos los ámbitos de la educación.

ASENTAMIENTOS DE TRABAJADORES Y DERRIBOS FORZADOS HUELVA, 2020. DÉBORA BRETISEY NADALI.

María tiene 52 años, comenzó desde muy joven a militar en el movimiento estudiantil y más tarde en el "mundo sindical". En el año 2011 se trasladó a Huelva y se vinculó al movimiento anticapitalista. Trabajó de asesora de un concejal del ayuntamiento y más tarde fue diputada en el parlamento andaluz en representación del partido político Adelante Andalucía (2019- 2022). María se describe, en sus años de militancia dentro y fuera del partido, como

alguien interesado en impulsar "distintas formas de lucha contra la opresión, explotación y dominación contra las personas y también sobre la naturaleza".

En el contexto andaluz, como bien señala María, son muchos los grupos y sectores sociales marcados históricamente por la explotación y la opresión. Ella ha estado vinculada a las luchas del sector de las camareras de piso en la hostelería y a los trabajadores y trabajadoras del campo. Especialmente, con trabajadores de origen subsaharianos y marroquíes, que viven en los llamados asentamientos chabolistas. Estos trabajadores son contratados de forma temporal para la recolección de "los frutos rojos" en los campos de Huelva, bajo precarias condiciones laborales. Los asentamientos donde viven están ubicados a las afueras de los llamados pueblos freseros – Lepe, Moguer, Lucena del Puerto— y colindantes a las fincas agrícolas donde trabajan. En los asentamientos surgieron, unos años antes de la pandemia, protestas esporádicas de sus pobladores que van a poner en evidencia las penosas condiciones en las que viven, así como las condiciones precarias en las que trabajan.

Bajo estas condiciones de extrema precariedad, algunas organizaciones locales vinculadas a la asistencia de la población migrante, proveen recursos —alimentos, ropa, mantas— a los pobladores de estos asentamientos. En ocasiones también realizan el acompañamiento y asistencia legal en el intento de concretar una de las demandas más habituales por parte de los pobladores, como es el empadronamiento. Éste no solo es un requisito administrativo, sino que también abre la puerta al acceso a derechos esenciales como la atención sanitaria, la educación, y en algunos casos, la regularización de la situación administrativa. Su ausencia suele situar a las personas migrantes en una mayor precariedad y exclusión social, privéndolas de servicios básicos y oportunidades para mejorar su vida. En medio de estas luchas cotidianas, se pondrá en evidencia las acciones de violencia —humillación, omisión y hostigamiento— que sufren por parte de algunos funcionarios y trabajadores de la administración pública —funcionarios, empleados, policías. Aunque la condición de "ilegal", producida y mantenida por el propio estado en determinados contextos socioeconómicos les impide acceder a la justicia, unos pocos pobladores de los asentamientos lograron, a través de políticos, activistas y abogados denunciar las acciones violentas encarnadas en las rutinas burocráticas que derriban sus casas o le impiden empadronarse.

María, que en ese momento ocupaba el cargo de parlamentaria de la Junta de Andalucía, presentó el 20 de julio de 2020 una denuncia en la Fiscalía provincial de Huelva contra el alcalde de Lucena del Puerto por haber autorizado el derribo de uno de los asentamientos del pueblo sin ninguna orden judicial previa. En la denuncia se remarca que este derribo, coincide en el tiempo con manifestaciones públicas sobre la negativa a empadronar a personas que viven en los asentamientos por su "condición de migrantes".

María había estado en el mencionado asentamiento después de su derribo. Los habitantes del asentamiento que estaban en el lugar, le relataron que llegaron personas con grandes máquinas escoltadas por la policía local de Lucena del Puerto y "forzaron" a quienes estaban en ese momento, la mayoría mujeres, a abandonar el lugar por tratarse de un asentamiento ilegal. En la actualidad, resulta difícil encontrar procedimientos similares de derribo en barrios residenciales, también catalogados "ilegales" y repartidos por la costa de Andalucía.

A los dos meses de presentar esta denuncia, el Fiscal decidió desestimarla, considerando en su escrito que, en ningún caso, lo sucedido en el asentamiento puede ser considerado "una actuación intencionada o injusta contraria a la legalidad, si no en el ejercicio de competencias propias legalmente exigibles dentro, además del gravísimo problema de los asentamientos irregulares en nuestra provincia". Para el fiscal, los informes remitidos por el ayuntamiento y la guardia civil son material suficiente de la inexistencia del abuso de poder. En su informe, el alcalde justifica la resolución dictada por el ayuntamiento ante la necesidad de "desmantelar chabolas deshabitadas" por "peligros de incendios y su ilegalidad". Por otra parte, la negativa a empadronar a los residentes de los asentamientos fue justificada por el alcalde debido a una "especial prudencia del Ayuntamiento" dada las investigaciones que la policía y los servicios sociales estaban realizando ante lo que considera la existencia de "empadronamientos masivos en domicilios de Lucena del Puerto". Por otro lado, la policía local aporta denuncias de las personas contratadas por el ayuntamiento para derribar "las chabolas deshabitadas" en la que consta haber sido increpadas al "ejecutar y coordinar dicha operación". A su vez, remarca la negativa de María en proveer testigos para hacer las averiguaciones, poniendo en entredicho la veracidad de los hechos relatados, pese a qué en la denuncia esta deja constancia del miedo de los habitantes de los asentamientos de acercarse a la policía y sufrir consecuencias por su situación irregular.

En febrero de 2020, cuatro meses antes de que el Fiscal desestimara la denuncia de María, se aprobó una resolución de la Presidencia del Instituto Nacional de Estadística y de la Dirección General de Cooperación Autonómica y Local, estableciendo nuevas instrucciones técnicas a los Ayuntamientos sobre la gestión del padrón municipal. Entre las instrucciones se establece que el empadronamiento en "infraviviendas y de personas sin domicilio" resulta como domicilio "válido en el Padrón". En el contexto local, algunos trabajadores municipales, con el respaldo de sus alcaldes, no tuvieron en cuenta estas instrucciones y se negaron a empadronar a habitantes de los asentamientos chabolistas. De este modo, con la ayuda puntual de asociaciones que ofician como mediadoras ante la justicia, algunos pobladores litigan en tribunales por conseguir el derecho a ser empadronados en los "asentamientos chabolistas".

A finales del año 2019, integrantes de una asociación local que habían denunciado en los tribunales al Ayuntamiento de Lepe por denegar la inscripción en el padrón municipal a un habitante de uno de los asentamientos del pueblo, recibe una resolución favorable. En este caso, el juez obliga al Ayuntamiento de Lepe a empadronar a la persona que lo requería. Esta sentencia, y la presión ejercida por el activismo local y los pobladores de los asentamientos, permitió durante un tiempo empadronar a otras personas. No obstante, las demandas judiciales que se presentaron, posteriormente, fueron desestimadas. En algunas ocasiones, las sentencias también se encargaban de deslegitimar a las propias asociaciones que interponen la denuncia como representantes no legítimos de los afectados.

Aun así, estas denuncias siguen apareciendo en otros espacios institucionales como la Defensoría del Pueblo Andaluz. Como se puede observar en sus registros, en mayo de 2024 se recibieron 12 escritos de quejas por parte de habitantes de los asentamientos en Lucena del Puerto vinculadas a resoluciones que impedían su empadronamiento. En las quejas presentadas, los pobladores exponen que, pese a aportar varios documentos que certifican su habitabilidad - fotos, geo localizadores, etc.- el Ayuntamiento negaba su empadronamiento, apelando a los informes de servicios sociales comunitarios que indican "no se puede acreditar la habitualidad de la residencia del interesado en el domicilio solicitado en el término municipal de Lucena del Puerto" o "no resulta posible para estos Servicios Sociales municipales efectuar comunicaciones o notificaciones en el domicilio donde solicita el empadronamiento". Las "circunstancias" presentadas como "azarosas" por parte de los trabajadores sociales y otros funcionarios dejan a las personas que habitan en los asentamientos sin poder acceder a servicios básicos de salud o ayuda. Estas inercias están lejos de poder ser presentadas como una "anomalía" del sistema burocrático, más bien naturalizan una violencia rutinaria que colisiona con los derechos humanos.

TEJIENDO REEXISTENCIAS: LUCHAS, DESCOLONIZACIÓN Y LA DEFENSA DE LA MADRE TIERRA MADRID. 2024 . PLAZA DE LOS PUEBLOS.

La Plaza de los Pueblos es una red asamblearia conformada por colectivas y personas activistas y artivistas, en su mayoría migrantes, que desde Madrid impulsan la descolonización. Este espacio trasciende ser un simple punto de resistencia: es un tejido vivo de lucha y reexistencia que desafía las estructuras coloniales responsables de la opresión hacia personas migrantes y racializadas. Aquí, migrantes, personas racializadas y aliadas locales se organizan para confrontar el racismo, la violencia institucional y las dinámicas de poder que perpetúan la opresión sobre los pueblos del Sur Global. Cada acción es un acto de reafirmación de que la lucha anticolonial, antirracista y contra la violencia institucional sigue siendo imprescindible, demostrando que es posible construir un mundo donde quepan muchos mundos.

Surgido en el calor de las dinámicas asamblearias del movimiento 15M, este colectivo se ha transformado en un frente co-

mún que articula luchas anticoloniales, antipatriarcales, antirracistas y a favor de los derechos humanos. Desde nuestra fundación en 2012, nuestra acción ha sido incesante. Nos organizamos, resistimos y, sobre todo, tejemos redes de solidaridad que buscan desmantelar las violencias sistémicas que enfrentamos. Aspiramos a construir un futuro basado en la justicia social, la dignidad colectiva y el respeto por los pueblos originarios y las comunidades indígenas. Nuestra lucha se cimienta en la convicción de que una sociedad verdaderamente equitativa debe levantarse sobre los principios del antirracismo y el anticolonialismo.

El colonialismo no es solo un hecho del pasado, es una estructura vigente que sigue marcando y limitando nuestras vidas. En el Estado español, las personas migrantes, especialmente las racializadas, somos víctimas de un sistema que perpetúa la exclusión y el racismo estructural. Entendemos el racismo estructural como un conjunto diverso de procesos y fuerzas que actúan en detrimento de categorías racializadas. Estas dinámicas no solo operan a través de instituciones concretas, sino también mediante estructuras sociales que trascienden los límites de las organizaciones particulares. El racismo es un sistema que distribuye poder, privilegio, bienestar y seguridad de manera desigual, clasificando y estratificando a las personas según ideas preconcebidas sobre su naturaleza física y comportamiento. Este sistema no solo se manifiesta de forma legal, sino también en las prácticas cotidianas. Enfrentamos barreras burocráticas que nos criminalizan, como las impuestas por la Ley de Extranjería, que no solo invisibilizan nuestras existencias, sino que nos condenan a vidas marcadas por la precariedad y la marginalidad. Las injusticias se intensifican en espacios como los Centros de Internamiento para Extranjeros (CIEs), donde se perpetúan la violencia institucional y la vulneración de nuestros derechos más fundamentales.

La violencia institucional tiene muchas caras. Desde la criminalización de nuestras luchas políticas y sociales, hasta la represión de un sistema judicial que castiga nuestras protestas, enfrentamos una violencia omnipresente. Bajo la Ley Mordaza, manifestarnos en las calles se traduce en multas que buscan desmovilizarnos. Nuestras voces, cuando intentan alzar reclamos, son invisibilizadas en los espacios públicos y culturales y nos cierran los centros sociales barriales. Además, esta violencia institucional se entrelaza con otras formas de opresión, como la explotación laboral o las discriminaciones que enfrentamos en el acceso a servicios básicos como la vivienda, la educación y la salud. Es un sistema globalizado que reproduce las desigualdades coloniales, donde las comunidades racializadas en todo el mundo somos las más afectadas. Esta no es solo una problemática de las personas migrantes, es un desafío global que cuestiona las bases mismas de un sistema diseñado para perpetuar la desigualdad.

La lucha en la Plaza de los Pueblos no se limita a las calles, aunque las manifestaciones, los pasacalles y los carnavales son herramientas fundamentales para visibilizar nuestras causas. La Plaza es un espacio vivo que articula diversas formas de resistencia, en una dinámica que busca descolonizar tanto lo político como lo cultural. Nos constituimos desde la autoorganización, la colectividad y la solidaridad, con un compromiso inquebrantable hacia las luchas por los derechos de los pueblos originarios e indígenas, las mujeres y las personas disidentes de género y sexuales.

Nuestra resistencia en las calles se complementa con eventos culturales y educativos que tienen una profunda carga simbólica. El Carnaval de la Pachamama, por ejemplo, organiza cada año un colorido y reflexivo pasacalle que no solo es una celebración, sino una poderosa herramienta de denuncia. En él visibilizamos nuestras luchas contra el extractivismo y en defensa de la Madre Tierra. Cada performance y acción creativa es un acto de resistencia cultural, cargado de mensajes que cuestionan el racismo, la violencia y la colonización. Cada 12 de octubre nos organizamos bajo el lema "Nada que Celebrar", desafiando la narrativa colonialista del llamado "Día de la Hispanidad". En estos actos, que incluyen rituales por la memoria desde el 11 de octubre — un día antes —, performances, charlas y actividades culturales, dejamos claro que la colonización no es un episodio cerrado del pasado, sino una estructura vigente que sigue oprimiendo a los pueblos originarios, las nacionalidades indígenas, las personas racializadas y las comunidades migrantes. A través de estos encuentros, desmontamos las falsas narrativas sobre la historia colonial y visibilizamos las luchas de quienes aún sufren sus consecuencias.

Nuestro trabajo también incluye una dimensión educativa. A través de talleres, redacción de protocolos, charlas y ciclos de cine, promovemos la educación decolonial, sensibilizando a la sociedad sobre las problemáticas de la colonialidad, la migración y el racismo. En estos espacios no solo denunciamos, sino que proponemos alternativas. Por lo tanto, la lucha es tanto reactiva como propositiva, buscamos construir un nuevo marco de relaciones sociales basado en la justicia, la inclusión y el respeto por los derechos de todas las personas y los derechos de la Madre Tierra teniendo como guía nuestras cosmovisiones ancestrales.

En la Plaza de los Pueblos entendemos que la lucha no es únicamente política sino también es cultural y profundamente espiritual. Por eso, la espiritualidad y el arte son elementos esenciales de nuestra resistencia. Los rituales ancestrales, como el Inti Raymi y el We Tripantü Mapuche, no solo nos reconectan con nuestras raíces, sino que son actos de descolonización. Celebrados en los solsticios y equinoccios, estos rituales nos recuerdan la centralidad de la Madre Tierra y nos reafirman en nuestra lucha contra la lógica extractivista que sostiene el capitalismo global.

La espiritualidad también está ligada a la recuperación de saberes y a la búsqueda de auto reparar el epistemicidio que la colonialidad ha impuesto sobre nuestras culturas. Cada ritual y práctica espiritual es una afirmación de nuestra memoria colectiva, una manera de reconstruir aquello que nos intentaron arrebatar. Además, la espiritualidad es una herramienta de sanación, un ejercicio de justicia hacia adentro que nos permite enfrentarnos al desgaste que la lucha impone, honrando a nuestros antepasados.

Luchar contra la violencia institucional y el racismo estructural tiene consecuencias profundas en nuestros cuerpos, mentes y espíritus. La lucha nos desgasta emocionalmente, no solo por la dureza del camino, sino también por la violencia sistemática que enfrentamos, la invisibilización de nuestras voces y la precariedad en la que muchas veces nos encontramos. En este contexto, los espacios espirituales se vuelven imprescindibles ya que son lugares para cuidar nuestro bienestar integral, reforzar nuestra resiliencia y recordar que somos comunidad.

El arte también juega un papel crucial en este proceso de resistencia y sanación. A través de las performances en el acto ritual del 11 de octubre, el trabajo visual y las intervenciones artísticas, visibilizamos la violencia colonial, cuestionamos los relatos hegemónicos y damos voz a quienes han sido históricamente silenciados. Estas manifestaciones no son solo estéticas sino herramientas que movilizan conciencias, crean espacios de reflexión y permiten convertir el dolor en acción. El arte y la espiritualidad, juntos, nos fortalecen para seguir adelante, reafirmando nuestra resistencia ante un sistema que intenta negarnos.

La lucha de la Plaza de los Pueblos es interseccional, colectiva, horizontal y profundamente solidaria. Entendemos que no podemos luchar solas, por eso tejemos y trenzamos alianzas con colectivas feministas, antipatriarcales, antirracistas, LGTBIQ+, sindicalistas y movimientos vecinales. Estas conexiones no solo fortalecen nuestras reivindicaciones, sino que también nos permiten enfrentar de manera conjunta las diversas formas de violencia institucional y colonial.

Hemos construido puentes con movimientos y organizaciones tanto en el Sur como en el Norte Global, apoyando las luchas del pueblo Mapuche, el pueblo Sikuani, Awajun wampis, Kaiowa y las comunidades que defienden el territorio del Yasuní en Ecuador, entre otras. También nos sumamos al clamor de las mujeres palestinas que resisten la ocupación y a las comunidades indígenas, afrodescendientes y campesinas de Abya Yala que enfrentan el extractivismo en sus territorios. Estas alianzas reflejan nuestra convicción de que las luchas por la justicia y la descolonización son globales y que el colonialismo sigue siendo una estructura que oprime a los pueblos en todas las latitudes.

La Plaza ha sido parte activa de movimientos clave como #RegularizaciónYa, que exige la regularización de las personas migrantes en el Estado español a través de una iniciativa legislativa popular, y del Comité de Emergencia Antirracista, articulando cajas de resistencia en plena pandemia y campañas de cesión de votos para personas migrantes que no pueden votar. Además, somos un nodo dentro del tejido antirracista de Madrid, combatiendo de manera coordinada las políticas que perpetúan la exclusión y la discriminación además del discurso de odio hacia la otredad. Una parte crucial de nuestra labor es conciencia a la sociedad del Estado español sobre el vínculo entre su bienestar y la explotación de territorios y pueblos del Sur Global. Muchas veces, el confort en el Norte Global se construye sobre la base de despojos, violencias y desigualdades que se perpetúan en el Sur. Desde esta conciencia, reconociendo los privilegios, trabajamos por una justicia que no sea solo local, sino que abarque las dinámicas globales que conectan nuestras realidades. Aunque el camino de la lucha nunca es fácil, seguimos avanzando. A pesar de las amenazas, las represalias y la violencia que enfrentamos, seguimos aquí, tejiendo un futuro en el que la justicia social, la dignidad y la memoria histórica sean reconocidas y respetadas. Los ataques de grupos hispanistas, las persecuciones políticas y las multas bajo leyes represivas no nos han frenado. En cada marcha, en cada protesta, reafirmamos nuestro compromiso con la descolonización, con la lucha antirracista y con la resistencia contra la violencia institucional que diariamente nos afecta.

Es importante destacar que muchas de las personas que conformamos la Plaza de los Pueblos hemos vivido, en diferentes momentos de nuestra trayectoria, situaciones de precariedad y vulnerabilidad, tanto por nuestra condición de personas migrantes como por la ausencia de derechos básicos. Esta realidad, que se nos impone sistemáticamente, afecta nuestra lucha, pues no es lo mismo luchar cuando se tienen condiciones materiales y derechos garantizados, que cuando se está luchando por la supervivencia en medio de un sistema que nos criminaliza y nos margina. Esta precariedad y vulnerabilidad son parte de las violencias estructurales que enfrentamos cada día, pero no nos detienen; al contrario, nos fortalecen y nos impulsan a seguir. Además, transitar las violencias cotidianas que implica ser una mujer migrante en el Estado español tiene una carga añadida cuando nos vemos políticamente activas y comprometidas a denunciar injusticias como el racismo, el colonialismo y la violencia institucional.

La combinación de todas estas opresiones convierte nuestra resistencia en un acto de valentía, pero también en un esfuerzo desgastante, que requiere no solo coraje, sino un apoyo y solidaridad constante. La violencia institucional se manifiesta en las políticas racistas, en las prácticas policiales y judiciales que nos discriminan, y en un sistema burocrático que nos mantiene en la invisibilidad y la precariedad. Esta violencia no tiene un solo rostro, sino que se dispersa a través de las estructuras de poder, afectándonos tanto en lo físico como en lo psicológico y emocional. Sin embargo, seguimos luchando porque sabemos que nuestra resistencia es también un acto de justicia propia. Nuestra resistencia es nuestra forma de vida, y cada acción que realizamos, cada palabra que pronunciamos, contribuye a crear un mundo más justo y libre. No solo estamos luchando contra el racismo, el colonialismo y la violencia institucional, sino que estamos construyendo nuevas formas de organización social, política y cultural, basadas en la solidaridad, el respeto mutuo y el reconocimiento de las diferencias.

Nos resistimos a ser despojadas de nuestras identidades, nuestras culturas y nuestras dignidades, y nos comprometemos a luchar por un futuro donde todas las personas, especialmente aquellas más oprimidas, tengan acceso a la justicia, la libertad y la igualdad, además de una reparación histórica por el genocidio de sus antepasados. La Plaza de los Pueblos es, ante todo, un lugar de resistencia, de lucha colectiva y de sueños compartidos. Desde la Plaza de los Pueblos, seguimos soñando y luchando, porque sabemos que la resistencia es el camino. Juntas y juntos, podemos transformar este sistema opresivo en un mundo donde todas las personas, sin importar su origen, su raza o su género, puedan vivir con dignidad, justicia y libertad, que nuestra Pachamama sea respetada y cuidada con amor como ella lo ha hecho desde los inicios de la vida en el planeta.

Este libro se terminó de imprimir en mayo de 2025,
en la ciudad de Madrid.